Im Advent kann viel geschehen

Ein Adventskalender mit Geschichten und Gedichten von

Erika Horn
Ingrid Müller
Andrea Rohn
Rosi Weyand

Die abgebildeten Gegenstände wurden entweder in Handarbeit von Privatpersonen hergestellt oder befinden sich bereits lange im Familienbesitz.

Fotos: Michaela und Andrea Rohn
Idee, Realisation und Gestaltung: Andrea Rohn
Lektorat der Texte von A. Rohn: Ursula Reppmann-Wörsdörfer

Herstellung und Verlag: BoD – Books on Demand, Norderstedt
ISBN: 9783756212927

Inhaltsverzeichnis

Für alle, die noch an Weihnachten glauben

Erst wenn Weihnachten im Herzen ist,
liegt Weihnachten auch in der Luft.
William Turner Ellis

Vorwort

Nachdem unser Kreis der schreibfreudigen Frauen weit über zehn Jahre besteht, fand ich es an der Zeit, dass wir ein gemeinsames Projekt verwirklichen. Um die Bandbreite der einzelnen Autorinnen aufzeigen zu können, bietet es sich an, diese in Kurzgeschichten und Gedichten einzufangen.

Die Idee kam mir im Spätsommer. Doch deren Umsetzung würde sich – das wusste ich aus eigener Erfahrung – über einige Wochen erstrecken. Bis ein Buch in den Händen der Leserschaft liegt, bedarf es viel Vorbereitung. Hinzu kommt, dass wir weder einen Verlag, noch einen Cover-Designer mit der Durchführung und Gestaltung dieses Bandes beauftragt haben. Gleichzeitig sollen die Wünsche von gleich vier der sechs Frauen berücksichtigt werden. Somit plane ich die Veröffentlichung für Ende November oder Anfang Dezember.

Da diese Wochen in die Weihnachtszeit fallen, liegt es nahe unserem Projekt die Form eines Adventskalenders zu geben.

Manche Beiträge sind lustig, andere besinnlich. Einige greifen Erinnerungen auf, die sich vor vielen Jahrzehnten ereignet haben. Dabei spielen die Kindheitserfahrungen von Weihnachten nach dem Zweiten Weltkrieg bis in die Siebzigerjahre des letzten Jahrhunderts eine Rolle. An manchem Tag erfreut auch eine erfundene, fantasievolle Geschichte, die sich so oder ähnlich wirklich ereignet haben könnte.

01. Dezember

Flüchtlinge

Seht hin, seht hin,
im Pappkarton schläft das Kind
Advent, Advent,
eine Kerze flackert im Wind

Seht hin, seht hin,
im Lager weint das Kind
Advent, Advent,
zwei Kerzen flackern im Wind

Seht hin, seht hin,
im Abfall wühlt das Kind
Advent, Advent,
drei Kerzen flackern im Wind

Seht hin, seht hin,
um Liebe bettelt das Kind
Advent, Advent,
vier Kerzen flackern im Wind

Rosi Weyand

02. Dezember

Der neidische Dezemberwind

Der Wind, der Wind, der Dezemberwind,
braust eiskalt durch die dunkle Nacht,
blickt neidvoll auf's Kind, das fröhlich lacht,
weil in der Stube ein Kerzchen brennt,
es ist Advent.

Der Wind, der Wind, der Dezemberwind,
lässt seinen Zorn an welken Blättern aus,
heult wütend, denn er darf nicht in's Haus,
wo hell das zweite Kerzchen brennt,
es ist Advent.

Der Wind, der Wind, der Dezemberwind,
malt traurig Eisblumen an die Fensterscheiben,
möchte dort ein wenig länger bleiben,
denn schon das dritte Kerzchen brennt,
es ist Advent.

Der Wind, der Wind, der Dezemberwind,
wirbelt Schneeflocken durch die Luft,
schnuppert begierig der Plätzchen Duft,
wie herrlich, das vierte Kerzen brennt,
es ist Advent.

Der Wind, der Wind, der Dezemberwind,
warum weht er plötzlich so sacht und leise?
Er trägt Glockenklang durch die Nacht,
verschwunden sind, Zorn, Kummer und Neid –
es ist Weihnachtszeit.

Erika Horn

03. Dezember

Winterpause

Das Feuer knistert im Ofen.
Es wird ruhiger um uns.
Die Arbeit ist getan.
Es ist Zeit für Entspannung.
Zeit zum Lesen,
Zeit zum Nichtstun,
Zeit zum Träumen,
Winterpause.

Ingrid Müller

04. Dezember

Es war einmal ein Lebkuchenmann

Er hatte vor nichts Angst, nicht vor dem lauten Bellen des Nachbarhundes, nicht vor dem Herunterfallen vom Küchenschrank und auch nicht vor der dunklen Dose, in die ihn eines Tages zwei Hände hineinsteckten.

Doch irgendwann wurde die Dose geöffnet und er blickte in zwei weit geöffnete Kinderaugen und in einen noch weiter geöffneten Kindermund mit einer rosa Zunge und weißen gezackten Zähnen.

Wenn er jetzt nichts unternahm, würde genau das geschehen, was bereits Generationen von Lebkuchenmännern vor ihm durchlitten hatten: Er würde langsam aber sicher aufgegessen werden. Doch was sollte er tun?

Während er noch angestrengt darüber nachdachte, grapschte eine kleine Kinderhand nach ihm. Klebrige schokoladeverschmierte Finger schlossen sich fest um seine Taille und hoben ihn aus der Dose. Nur ganz kurz regte er sich darüber auf, dass dieses eklige dunkelbraune Zeug nun auch noch an ihm hing. Dadurch hätte er fast einen ganz entscheidenden Augenblick verpasst.

Plötzlich sah er über sich eine Reihe der weißen Kinderzähne aufblitzen. Voller Entsetzen ging ihm auf, dass sich folglich auch unter ihm eine weitere befinden musste. Schon senkte sich die Obere auf ihn herab, während ihn von unten die nasse rosa Zunge schon am Hinterkopf abschleckte.

Immer näher kamen die kleinen Zacken. Nur noch wenige Millimeter und sie würden sich wie eine Zange um seinen Kopf schließen, ihn abtrennen und ihn schließlich genüsslich Stück für Stück vom Haupt bis zu den Füßen aufessen.

„N E I N! N – E – I – N!"

Dieser panische Aufschrei war keineswegs aus des Lebkuchenmannes Mund gedrungen, wenn er auch nahe daran gewesen war, einen solchen auszustoßen.

Die Mutter des Mädchens hatte gerade die Küche betreten und ihre Tochter bei ihrer verbotenen Tätigkeit erwischt.

Erschrocken zuckte die Kleine zusammen. Ihre Fingerchen öffneten sich und auch Zähnchen und Zunge ließen von dem ach so leckeren Gebäck ab.

Der noch immer unter Schock stehende Lebkuchenmann stürzte, einen Salto schlagend, mit rasender Geschwindigkeit in Richtung des Küchenfußbodens. Dort kam er zu seinem Glück flach auf dem Rücken liegend auf. Und noch ehe er begriff, dass der weiche Teppich seinen Sturz nicht nur gebremst, sondern auch dafür gesorgt hatte, dass nicht ein Krümelchen von ihm abgebrochen war, wurde er von der Mutter ganz sanft aufgehoben und zurück in seine Dose gelegt.

Kurz bevor sie den Deckel schloss, hörte er noch wie sie sagte: „Da hast du ja Glück gehabt, dass ich gerade nach Hause gekommen bin."

Selig, ob solcher Fürsorge fiel die Anspannung von dem Lebkuchenmann ab und er machte es sich in seiner Dose bequem.

Was er allerdings nicht mehr mitbekam, war: „Kleine Naschkatze, eigentlich hätte ich ja noch einen Moment warten können, bevor ich dich gewarnt hätte. Dann hättest du eine interessante Lektion gelernt. Nicht alles, was deine Augen sehen, ist auch für deinen Bauch bestimmt. Hättest du in den Lebkuchenmann gebissen, hättest du dir ziemlich weh getan, denn der Lebkuchenmann ist aus Salzteig."

Andrea Rohn

05. Dezember

Hoffnung

Singt Lieder der Hoffnung,
denn es brennt die Welt

Singt Lieder der Hoffnung,
die den Verstand erhellt

Singt Lieder der Hoffnung,
gegen Empörung, Leid und Wut

Lasst den Kopf nicht hängen
Hoffnung tut not

Rosi Weyand

06. Dezember

Der verschwundene Knecht Ruprecht

„Mama, komm mal schnell! Vor der Tür steht ein Penner."

Ich hatte bereits vieles in meinem langen Wandeln auf Erden erlebt, bin allerdings noch nie mit dem unschönen Begriff für einen Menschen ohne Wohnsitz bezeichnet worden.

Ein Rotzbengel von gerade einmal sieben Jahren hatte mir die Haustür geöffnet und stand nun vor mir. Er hatte sich halb herumgedreht und schrie mit lauter Stimme in den hinter ihm liegenden Flur. Mit einer Hand hielt der Junge mit der dunkelblonden Mähne die Klinke von innen fest, während er mit der anderen seinen ins Gesicht rutschenden Pony zu bändigen versuchte.

Unsicher, ob ich mich vielleicht in der Adresse geirrt hatte, kramte ich das Goldene Buch aus dem Sack zu meinen Füßen und schlug es auf.

„Der kann sogar zaubern!", kreischte der Bengel, nachdem er mir nochmals einen kurzen Blick gegönnt hatte. Er schaute zu wie das Goldene Buch sich in meinen Händen von der Größe eines Taschenkalenders in seine ursprüngliche Ausdehnung verwandelte. Dann jedoch drehte er sich vollends um und schlug mir die Tür vor der Nase zu.

Zunächst blickte ich irritiert auf das Türblatt, an dem ein adventlich geschmückter Kranz aus Tannenzweigen bedenklich hin und her schaukelte.

„Keinen Anstand mehr", brummte ich in meinen weißen Bart und schüttelte den Kopf. Gleichzeitig schlug ich den mit goldenen Zeichen verzierten Einband auf. Ganz vorn befand sich die Liste mit den Adressen der Kinder, die ich an diesem Abend aufsuchen wollte.

Bedächtig ließ ich meinen Finger über die Liste bis zum zweitletzten Namen gleiten: Familie „Keck". Dann verglich ich die neben der Tür angebrachte, beleuchtete Hausnummer mit derjenigen auf dem Blatt. Beides stimmte überein. Auch der Nachname „Keck" auf dem Klingelschild war identisch. Dennoch war ich noch nicht ganz davon überzeugt, wirklich vor dem richtigen Haus zu stehen. Deshalb drehte ich mich um und betrachtete das Straßenschild an der Ecke. *Rosenweg* las ich darauf. Auch dies stimmte mit den Angaben auf meiner Liste überein.

Andererseits kamen mir nun Bedenken, ob ich mich ganz einfach nur im Ort geirrt hatte. Daher kramte ich nach dem Handy in der Hosentasche. Das gestaltete sich nicht ganz einfach, da ich dafür zunächst das Buch auf die Fußmatte legen musste. Anschließend raffte ich mein Bischofsgewand mit beiden Händen, um schließlich das Mobilphon aus der Tasche zu ziehen.

Noch während ich mit einer Hand meinen Ornat wieder in Ordnung brachte, schaltete ich mit der anderen das Handy ein. Schnell fand ich die Ortungssoftware, welche meinen Standort anzeigte: Rosenweg 11, Habenau.

„Da sind wir doch richtig", murmelte ich vor mich hin, nachdem ich die Adresse verglichen hatte. Ich schaltete das Gerät wieder aus und begann damit, mein langes Gewand erneut soweit zu lüften, um das Telefon zurück an seinen Platz stecken zu können.

„Du könntest dich wenigstens nach dem Buch bücken, Ruprecht, wenn du mir schon nicht behilflich mit meiner Soutane bist!", schimpfte ich. „Außerdem hättest du dem Bengel zumindest die Rute zeigen können. Das hat bisher noch bei jeder Rotznase Eindruck geschunden."

Mit ärgerlicher Miene drehte ich mich nach meinem Gehilfen um. Ich fand es seltsam, dass er gar nichts gesagt hatte, obwohl ihn das freche Verhalten eines Erdenkindes sonst immer aufregte. Doch hinter mir befand sich … niemand.

Verwirrt schüttelte ich den Kopf. Wo steckte mein treuer Begleiter? In Gedanken ging ich den Weg zurück. Wann hatte ich ihn zuletzt gesehen? Bei der letzten Adresse? Nein. Bei der vorletzten? Auch nicht. Erst jetzt ging mir auf, dass ich ihn heute gar nicht erst mitgenommen hatte. Im letzten Jahr war seine Hilfe nicht vonnöten gewesen, weshalb ich ihm für unsere diesjährige Runde freigegeben hatte.

„Nikolaus", sagte ich zu mir, „du wirst langsam alt!"

Andrea Rohn

07. Dezember

Lang, lang ist's her ...

Höchstwahrscheinlich, ja sicherlich wären die Vorkommnisse, die schon vor so langer Zeit geschehen sind, längst in Vergessenheit geraten, wäre da nicht die alljährliche Adventszeit mit dem schönen Brauch, Weihnachtsplätzchen zu backen. Immer dann und alljährlich wiederkehrend, drängt sich mir die Erinnerung auf, an eine Adventszeit vor langer Zeit und die damaligen Geschehnisse beim Plätzchenbacken. So außergewöhnlich sind diese Erinnerungen, so tief in meiner Seele verwurzelt, dass ich mich entschlossen habe, diese Erlebnisse aufzuschreiben.

Damals, vor mehr als einem halben Jahrhundert, war ich ein vergnügtes Kind, etwa sechs oder sieben Jahre alt. Trotz der widrigen Umstände, ich war im Krieg geboren und musste die Entbehrungen der Nachkriegszeit hinnehmen, war ich ganz und gar nicht unglücklich. Ich hatte eine sehr liebevolle Mutti, die nach besten Kräften um mein Wohlergehen besorgt war. Dennoch war es ihr nicht möglich, meinen immerwährenden Süßhunger zu stillen.

Gewiss, es gab dünn geschmierte Marmelade aufs Brot, manches Mal auch ein Bonbon im Milchgeschäft oder im Krämerladen. Umso mehr freute ich mich auf die Adventszeit, denn dann wurden Plätzchen gebacken. Diese Plätzchen waren damals so besonders lecker, weil bunte Zuckerstreusel und Krokant das Gebäck herrlich süß machten.

In diesem Jahr, wovon ich erzählen möchte, waren wir fleißig gewesen. Mutti hatte schon eine große Blechdose mit herrlich duftenden Weihnachtsplätzchen füllen können. Da sie wusste, welch ein Schleckermäulchen ich war, wurde die Dose mit dem süßen Inhalt sorgfältig versteckt. Vergebliche Mühe – es gelang mir, das Versteck ausfindig zu machen und einige Plätzchen zu stibitzen. Als Mutti am dritten Adventssonntag die Plätzchen hervorholte, war zu ihrem Entsetzen die Dose nur noch halb gefüllt. Muttis grimmiger

Blick verhieß nichts Gutes und ich beeilte mich zu bemerken, das könnten doch nur Mäuse gewesen sein. Mutti entgegnete: „Die Maus kenne ich, sie kann sogar Dosendeckel öffnen!" Lange böse sein, das war nicht Muttis Art. Seufzend bemerkte sie, dass morgen nochmals gebacken werden müsse.

Gesagt, getan, als ich am Tag darauf von der Schule heimkam, war der Teig schon vorbereitet, sodass ich sofort mit dem Ausstechen beginnen konnte. Nachdem ich ausgiebig die Zuckerstreusel und den Teig probiert hatte, begann ich mit den bereit liegenden Förmchen Plätzchen auszustechen. Bald lagen Monde, Sterne, Engel, Nikoläuse, Kerzen und andere weihnachtliche Motive zum Backen vorbereitet auf dem Brett. Ein gar himmlisch schöner Anblick.

Während ich einige der Plätzchen mit Zuckerstreuseln und Krokant verzierte, fiel mein Blick auf einen Karton in der Ecke. Der Inhalt waren Krippenfiguren und ein kleiner Mini-Holzstall. Die Figuren waren hübsch bunt, aber besonders wunderschön war das winzige Jesuskind. Ich liebte diese kleine Figur heiß und innig. Sie war aus hellem Wachs gefertigt und tiefblaue Augen strahlten freundlich aus einem lieblich lächelnden Gesicht. Ein goldfarbener Heiligenschein aus Pappe umrahmte das Lockenköpfchen. Schon oft hatte ich das arme Jesuskind bedauert, weil es die meiste Zeit im dunklen Karton verbringen musste und nur zur Weihnachtszeit hervorgeholt wurde. Spontan beschloss ich, der kleinen Wachsfigur eine Freude zu bereiten. Sie würde sicher glücklich sein, wenn ich sie schon heute aus dem dunklen Verlies holen würde, um ihr meine kunstvoll ausgestochenen und verzierten Plätzchen zu zeigen. Ein schneller Blick zu Mutti, sie war damit beschäftigt, den Teig für Lebkuchen anzurühren und war deshalb abgelenkt. Schnell holte ich die winzige Gestalt aus dem Karton und platzierte sie, etwas versteckt, zwischen den gebrauchten Förmchen. Mir war es, als strahlten die blauen Augen des Jesuskinds noch heller als gewöhnlich.

Mutti werkelte hektisch umher, fettete und belegte Backbleche und bald duftete es in der Küche herrlich nach weihnachtlichem Gebäck. Ich verschwand kurz aus der Küche, um mir die klebrigen Hände zu waschen. Als ich zurückkam, bemerkte ich entsetzt, dass die benutzten Förmchen mitsamt dem Jesuskind verschwunden waren. Wo vordem die Förmchen gelegen hatten, knetete Mutti dort den Lebkuchenteig.

Die Förmchen waren bald gefunden. Mutti hatte sie in einer Schüssel zum Spülen bereitgestellt, jedoch das Jesuskind war dazwischen nirgendwo zu entdecken. Verzweifelt fing ich an zu suchen. Möglichst unauffällig begann ich jede Ritze, jeden Zentimeter unserer – glücklicherweise – nicht sehr großen Küche zu durchsuchen. Mutti bearbeitete weiterhin den braunen, klebrigen Teig, war abgelenkt und deshalb blieb meine Suchaktion unbemerkt. Das war gut so, denn sie sollte keinesfalls von meinem Missgeschick erfahren. Zwischenzeitlich hatte ich Hansi, meinen Goldhamster, in Verdacht. Hatte er doch kürzlich ein großes Wollknäuel und einen Nylonstrumpf in seinen Backentaschen gehamstert. Fehlanzeige. Hansi lag leise schnarchend in seinem Häuschen im Käfig. Meine letzte Hoffnung, dass Mutti das Figürchen entdeckt und zurück in den Karton gelegt hätte, bewahrheitete sich leider auch nicht. Ich war verzweifelt und ratlos. Langsam aber sicher erhärtete sich der Verdacht, dass das bedauernswerte Jesulein versehentlich in Lebkuchenteig geraten und mit verknetet worden war. Mutti war weitsichtig und benötigte gewöhnlich eine Brille, heute war diese in der Schublade verblieben. Leider war es nicht möglich, den Lebkuchenteig zu durchsuchen, denn dieser brutzelte bereits im Backofen.

Lange Zeit saß ich wie versteinert da und als endlich das Lebkuchenblech aus dem Ofen geholt wurde, beobachtete ich mit Argusaugen die braune Oberfläche. Gewiss, das wächserne Figürchen war bei der großen Hitze geschmolzen, aber der güldene Pappheiligenschein müsste vermutlich sichtbar sein. Aber leider, leider nicht das winzigste goldene Fitzelchen war zu entdecken. Auch als Mutti das Gebäck in Stücke schnitt, wurde ich nicht fündig. Mutti wunderte sich an diesem denkwürdigen Tag sehr, weil ich mich standhaft weigerte, auch nur ein winziges Stück des Lebkuchens zu probieren, war er doch Jesuskindchens Grab.

Ab sofort war mir die Vorweihnachtszeit gründlich verdorben.

Besonders schlimm war die Zeit, wenn vorweihnachtlicher Besuch, Verwandte oder Freunde, zum Nachmittagskaffee Lebkuchen verspeisten. Ich beobachtete die Kaubewegungen der Gäste sehr genau, musste jedoch feststellen, dass absolut niemand den goldenen Papp-Heiligenschein ausspuckte.

Am Tag vor dem 24. Dezember kam meine Lieblingstante Berta zu Besuch. Da sie auch die Lieblingsschwester meiner Mutter war, wurden ihr die letzten drei verbliebenen Lebkuchen serviert. Gebannt harrte ich der Dinge, die da kommen mussten. Der vermaledeite Heiligenschein musste nun endlich zum Vorschein kommen. Als Tantchen den letzten Lebkuchen verspeiste, hörte sie plötzlich auf zu kauen. Besorgt sah sie zu mir herüber und fragte: „Sag mal, Erika, du starrst so seltsam vor dich hin, bist du krank?" Mutti antwortete statt meiner und erklärte, dass ich schon seit Tagen etwas seltsam wirke, genau genommen, seit unserem letzten Plätzchenbacken. Sie meinte, ich hätte zu viel Süßes genascht und nun zwickten wohl Bauchschmerzen. Ahnungslose Mutti, mein Kummer war vielfach schlimmer als heftige Bauchschmerzen.

Inzwischen hatte Tantchen den letzten Lebkuchen problemlos verspeist. Wo war der Heiligenschein?, überlegte ich ratlos. Ein solch hartes Pappteil schluckt man doch nicht unbemerkt herunter. Nachdem ich in der darauffolgenden Nacht lange Zeit gegrübelt hatte, bastelte ich mir eine Erklärung zurecht: Ein verschenkter Lebkuchen war unbeobachtet verzehrt worden. Mutti hatte Opa Gustav, unserem bereits neunzigjährigen Nachbarn einen Lebkuchen geschenkt. Da dieser nur noch einen einzigen Zahn im Mund hatte, war es gut möglich, dass er wegen vermutlicher Probleme beim Kauern den Heiligenschein unbemerkt verschluckt hatte.

Als am Heiligen Abend die Krippe aufgebaut worden war und die Figuren aufgestellt werden sollten, bemerkte Mutti, dass das Jesuskind fehlte. Sie suchte und kramte in dem Karton herum und meinte schließlich, dass ein solch kleines, zartes Figürchen leicht verloren gehen konnte. Mutti bastelte kurz entschlossen aus Pappmaschee ein Ersatz-Jesuskind. Wenig künstlerisch begabt entstand eine viel zu große, grobschlächtig wirkende Figur. Auch deren Gesichtsausdruck war alles andere als göttlich. Traurig betrachtete ich die Krippe. Das Fehlen der lieblichen Hauptperson schmerzte sehr und mir war, als blickten auch Maria und Josef trauriger als all die Jahre vorher.

Erika Horn

08. Dezember

Advent

Lichterketten erstrahlen in den Straßen.
Für die Erwachsenen beginnt die Zeit zu rasen.
Es duftet nach Plätzchen und Glühwein
auf dem Markt, wo treffen sich Groß und Klein.
Die Kerzen leuchten auf dem Kranz.
Sie bringen in die Herzen, Freude und Glanz.
Was werden wir schenken, ist die Frage,
und bis zum Schluss eine Plage.
Dann ist es so weit, der Tag ist da
und schnell vergessen ist was war.
Wir sitzen zusammen um den Baum
und freun uns des Lebens, es ist ein Traum.

Ingrid Müller

09. Dezember

Oh, Tannenbaum, oh Tannenbaum

Während der ersten elf Monate im Jahr war die Mutter normal, sparsam und vernünftig. Jedoch im Dezember überkam sie eine Art „Kaufrausch"; immer dann, wenn in den Geschäften neuartiger, hübscher Weihnachtsbaum-Schmuck angeboten wurde. Meist war die Auswahl gigantisch, farbenprächtig und vielfältig.

Lila war in diesem Jahr Trendfarbe und die begeisterte Mutter kaufte reichlich ein: hochglänzende und matte lilafarbene Kugeln, farblich passende Kerzen, silberglänzendes Lametta und allerlei funkelnden Baumbehang. Glücklich und voller Vorfreude trug sie ihre Einkäufe nach Hause und zeigte sie ihrer Tochter.

Monika, die blondgelockte Siebenjährige, blickte missmutig auf die lila funkelnde Pracht und meinte energisch: „Mit diesem Zeug können wir dieses Jahr den Baum auf gar keinen Fall schmücken." Kopfschüttelnd und mit besorgten Blicken rief die Kleine: „Mutti, willst du meinen Azuro vergiften?"

Azuro war ein blitzeblauer, niedlicher, rotzfrecher Wellensittich, der seit einiger Zeit unser neues Familienmitglied war und den Klein-Moni heiß und innig liebte. Der Vogel saß nur selten im Käfig. Meist durfte er frei in den Zimmern umherfliegen. Nach Wellensittichart knabberte er alles an. Tapeten und Vorhänge waren schon ramponiert. Selbst vor Omas längeren Ohrläppchen machte er nicht halt.

Monika befürchtete zu Recht, dass ihr Liebling auch den Weihnachtsbaum-Schmuck zerpflücken und verschlucken könnte, was vermutlich böse enden würde.

„Dann wird er eben während der Weihnachtstage im Käfig bleiben müssen", meinte die Mutter.

Monis Augen füllten sich mit Tränen und weinend erklärte sie, ihr und dem Vogel wären Weihnachten total verdorben, sollte ihr Liebling so lange Zeit eingesperrt bleiben müssen.

Was die Mutter nicht gewusst hatte, war, dass sich ihre tierliebe Tochter schon längere Zeit Gedanken gemacht hatte, wie der Weihnachtsbaum dieses Jahr „wellensittichfreundlich" gestaltet werden könne. Moni erklärte, man müsse rotbackige Bio-Äpfel und naturbelassene Walnüsse besorgen. Bienenwachskerzen und Strohsterne könnten auch nicht schaden. Auch Kolbenhirse und Vogelmiere seien ein bekömmlicher Baumbehang. „Bitte, bitte, liebe Mutti, sei einverstanden", bettelte die Kleine.

Vor dem geistigen Auge der Mutter tauchte ein „Arme-Leute-Weihnachtsbaum" auf. Sie erinnerte sich an die ärmlichen Kriegsweihnachts-Zeiten, als der Baumschmuck aus Äpfeln, goldenen Nüssen und dreimal gebügeltem, aber immer noch krumpeligem Lametta bestand. Jedoch, weil sie um den weihnachtlichen Frieden besorgt war, willigte sie schließlich ein. Seufzend bemerkte sie: „Hoffentlich bekommen wir keinen Besucht!"

Azuro, wie immer nah am Geschehen, flatterte neugierig über die offenen Kartons hinweg und ließ auf eine lila Glanzkugel „etwas" fallen. Es schien gerade so, als ob auch er den Schmuck verabscheuen würde.

Widerwillig, enttäuscht und traurig verstaute die Mutter den hübschen Baumschmuck in der hintersten Ecke auf dem Speicher.

Am Morgen des 24. Dezembers sollte der Baum geschmückt werden. Die Mutter betrachtete missmutig die vogelfreundlichen Naturalien und hatte keine Lust, die schon ein wenig welke Vogelmiere und die graue Kolbenhirse in den Zweigen zu verteilen. Sie bat deshalb ihr Töchterchen, dass es dieses Jahr die Aufgabe des Baumschmückens übernehmen solle. Der ungiftige Behang lag bereit und eine sündhaft teure Edeltanne stand in der Wohnzimmerecke. Die Tanne hatte so viel gekostet, weil Moni darauf bestanden hatte, dass sie extraweiche Nadeln haben müsse. Die Vogelbeinchen sollten nicht verletzt werden.

Klein-Moni machte sich mit Feuereifer daran, den Baum wellensittichtauglich zu schmücken. Geschwind kletterte sie die

Leiter rauf und runter und verteilte die schlichten Dinge einigermaßen gleichmäßig.

Der Vater betrachtete ihr Werk und meinte kritisch, der Baum sei etwas zu vorderlastig behangen. Damit hatte er nicht unrecht, denn die Kleine hatte mit ihren kurzen Ärmchen die hinteren Äste nicht erreichen können. Kein weiterer Kommentar, denn dem Vater war der Baumschmuck von je her völlig egal gewesen.

Schmerzlich vermisste die Mutter den gewohnten Glanz und Glimmer. Das einzige, was strahlte, waren die blauen Augen des Töchterchens. Es behauptete glücklich, dass das der allerschönste Weihnachtsbaum sei, den sie je gehabt hätten.

In den Abendstunden zündete der Vater die Kerzen an. Alle suchten sich ein gemütliches Plätzchen im Wohnzimmer. Auch die Oma war eingetroffen, und nun konnte die Weihnachtsfeier beginnen. Weihnachtslieder klangen durch den Raum. Bei dem Lied „Oh Tannenbaum" kam der Mutter ein anderer Text in den Sinn, passend zu dem hängenden Gemüse.

Unbemerkt war Klein-Moni in die Küche gehuscht, um den Vogelkäfig zu öffnen. Azuro sollte bei der Weihnachtsfeier nicht fehlen.

Der Vogel ließ sich nicht lange bitten. Er flog geradewegs durch die offene Wohnzimmertüre, über die Köpfe hinweg in Richtung Tannenbaum. Zielsicher landete er auf einem der vorderen Äste. Was dann geschah, klingt unglaublich, ist aber wahr.

Das Landemanöver des Vogels bewirkte, dass der zu vorderlastig behangene Baum bedenklich schwankte. Zum Entsetzen aller neigte sich die Tanne unaufhaltsam nach vorne und fiel schließlich krachend um. Da lag sie, mitten im Wohnzimmer. Und zum Entsetzen aller züngelten plötzlich kleine Flämmchen auf. Die Kerzen hatten die Strohsterne teilweise entzündet. In Panik sprangen alle auf und schrien durcheinander.

„Feuer! Wasser! Schnell!", schrie der Vater.

Die Oma hauchte entsetzt: „Mich trifft der Schlag."

Der Übeltäter saß auf der Gardinenstange und plärrte sichtlich verstört die einzigen Worte, die er sprechen konnte: „Azuro. Moni. Azuro. Moni."

Die Mutter kam mit einem Eimer Wasser angerannt, aber der Vater hatte bereits gehandelt und den teils brennenden Baum kurzerhand aus dem Fenster geworfen.

Auch ohne Weihnachtsbaum feierte die Familie in diesem Jahr ein fröhliches Weihnachtsfest. Letztlich waren alle froh, dass das Haus nicht abgebrannt, die Oma nicht vom Schlag getroffen und – für Moni die Hauptsache – Azuro die Turbulenzen heil überstanden hatte.

Insgeheim schwor sich die Mutter: Nächstes Jahr würde sie – ohne Wenn und Aber – einen silber-lila-traumhaft-prächtigen Weihnachtsbaum schmücken. Wozu gab es denn schließlich die Wohnzimmertüre, die fest verschlossen bleiben konnte?

Erika Horn

10. Dezember

Süßer die Glocken nie klingen

„Süßer die Glocken nie klingen …"
Kein Lied gehört für mich mehr zu Weihnachten als dieses. Es beruhigt mich in der meist hektischen Adventszeit. Außerdem klingt es so märchenhaft, so herausgelöst aus der Zeit.

„'s ist, als ob Engelein singen …"
Wer hat die Engel wohl schon einmal singen gehört? Ich denke, dass man sie nicht mit den Ohren hören kann, sondern nur mit dem Herzen. Und genau dort entsteht sie doch, die Freude. Somit passt *„… Lieder von Frieden und Freud."* ganz genau an diese Stelle. Andererseits kann ich mir Engel kaum vorstellen, die wütend sind oder Heavy Metal singen oder spielen.

„Wie sie gesungen in seliger Nacht. Wie sie gesungen in himmlischer Pracht[1] …"
Sofort entsteht vor meinen inneren Augen eine breite, rosa Treppe mit Goldverzierungen, die in den Wolken verschwindet. Das erinnert mich an den Prunk in bayerischen Kirchen. Vielleicht haben sich die Menschen damals das Himmelreich auch so prunkvoll ausgestattet vorgestellt.

„Glocken mit heiligem Klang klingen die Erde entlang."
Wie klingt Heiligkeit? Ist sie hörbar? Ist sie fühlbar? Können wir sie überhaupt mit unseren menschlichen Sinnen erfassen? Und was klingt entlang der Erde? Heißt das „überall auf der Erde"? Jedenfalls wohl nicht: an der Erde vorbei.

---

[1] So wurde dieser Teil des Liedes in meiner Kindheit gesungen.

Wenn ich es mir aussuchen könnte, nähme ich die erste Version. Schade nur, dass diese Glocken nicht den Frieden auf der ganzen Erde bewirken können. – Oder vielleicht doch? Sie müssten nur Eingang in jedes Herz finden.

Andrea Rohn

11. Dezember

Eine große Freundschaft

Es war ein frostiger Dezembermorgen, als mein Mann mir in aller Eile eine Katze in den Arm drückte.

„Ich bin schon spät dran", rief er. „Kümmere dich um sie! Sie war unter meiner Motorhaube. Ich habe sie gerade noch rechtzeitig entdeckt, bevor ich auf die Autobahn bin."

Ich hatte ein kleines, jammerndes Etwas im Arm. Was tun?

Die Kinder Sonja und Thomas waren gerade zur Schule aufgebrochen.

„Ich lass sie wieder laufen", dachte ich. „Was soll ich mit einer Katze?" Ich öffnete die Tür und wollte sie ihrem Schicksal überlassen. Sie würde sich schon einen warmen Platz suchen. Doch sie war verwundet, konnte nicht laufen und schrie schmerzhaft, als ich sie auf den Boden herunterlassen wollte. So konnte ich sie doch nicht in die Kälte jagen. Also zum Tierarzt!

Sie hatte sich den hinteren rechten Lauf gebrochen, wie der Arzt beim Röntgen feststellte. Unter Narkose bekam sie einen Gipsverband, der die halbe Katze ausmachte.

Als die Kinder von der Schule heimkamen, war ich auch gerade vom Tierarzt zurück. Natürlich gab es großes Hallo und Bemitleiden des armen Tieres.

Ihm wurde ein weiches Lager und ein Katzenklo im Kinderspielkeller installiert, denn es gab ein Problem: Wir hatten einen kleinen Hund, einen Pudel namens Mecki, der bis dahin Herr im Hause gewesen war. Und bekanntlich können Hund und Katzen nicht miteinander.

Nun folgten schwierige Tage. Der Hund durfte nicht in den Keller. Er winselte vor der Tür, wenn die Kinder hineingingen, um die Katze zu verpflegen oder ein wenig mit ihr zu spielen.

Alles ging gut, bis Heiligabend. Die Kinder waren so aufgeregt, wir Eltern im Stress, die Schwiegereltern zu Besuch. Alle vergaßen

Hund und Katze!

Nach der Bescherung sahen wir uns nach dem Hund um. Er war nicht zu finden. Wir fürchteten schon das Schlimmste, als wir alle in den Keller gingen. Die Tür stand offen. Doch siehe da: Mecki lag friedlich bei der Katze und schlief. Er wich in der nächsten Zeit kaum von ihrer Seite. Es wurde eine innige Freundschaft.

Rosi Weyand

12. Dezember

Der Nussknacker

Ulrich war ein fescher Leutnant in der Garde. Mit seiner schmucken Uniform ließ er so manches Frauenherz höher schlagen. Und auch er war den Damen nicht abgeneigt. Einzig seine Art, die Frauen sehr schnell wieder loszuwerden, wenn er ihrer überdrüssig wurde, sorgte dafür, dass er nie lange in einer Garnison blieb. Er ließ sich so häufig wie kein anderer Offizier versetzen, denn nicht nur die Damen, sondern auch deren Gatten oder Väter schätzten sein Verhalten in keinster Weise.

Ulrich selbst hingegen sah es immer wieder als Herausforderung in einem neuen Regiment zu dienen. Besonders aber gefiel es ihm, ein noch „unbejagtes Revier", wie er es selbst nannte, zu besetzen.

Hätte er es dabei belassen, den Damen Komplimente zu machen, sie zu einem Tanz aufzufordern oder auf einer Spazierfahrt zu begleiten, wäre ihm niemand böse gewesen. Da er an solcherlei allein nicht das rechte Vergnügen fand, ging er bei der Eroberung der Frauen und Fräulein viel weiter. Einem scheuen Kuss auf die Wange wich er aus, indem er ihn in einen leidenschaftlichen auf den Mund verwandelte. Eine Einladung zum Kaffee am Nachmittag nutzte er aus, um seine jeweilige Favoritin zu verführen.

In unzähligen Duellen stand er den Ehemännern oder Vätern seiner ehemaligen Bettgefährtinnen gegenüber. So manche Verletzung trug er davon, wenn sein Kontrahent ein guter Fechter war. Andererseits brachte er viel Leid über ganze Familien, sollte sein Gegner für immer gezeichnet sein oder gar sein Leben einbüßen.

Wenngleich dies nur selten der Fall war, so brach er garantiert die Herzen der Damen und hinterließ so manches Andenken an eine verbotene „Nacht". So manches Mal erblickte diese lebenslange Erinnerung neun Monate später das Licht der Welt.

Alle Strafen, welche seine Vorgesetzten gegen ihn verhängten, fruchteten bei ihm nicht. Zwar zeigte er sich scheinbar einsichtig oder gar reumütig, wurde aber stets allzu rasch rückfällig. Schließlich erwog man sogar, ihn aus dem Dienst in der Garde auszuschließen, da er die ganze Armee in Misskredit brachte.

Als Ulrich es wagte, die Tochter eines Generals kurz vor deren Vermählung in sein Bett zu locken, überschritt er eine Grenze. Fast hätte der erboste Vater, der auch gleichzeitig sein höchster Vorgesetzter war, ihn mit seinem Degen durchbohrt, als er davon erfuhr. Zum Glück rettete ihn ein guter Freund, indem er Ulrich zur Flucht verhalf.

Von diesem Zeitpunkt an, sollte der Leutnant nicht mehr froh werden. Zum einen wurde er sofort seines Standes enthoben und unehrenhaft aus dem Dienst entlassen. Zum zweiten veranlassten der General und der gehörnte Bräutigam des Fräuleins, dass Ulrich im ganzen Land steckbrieflich gesucht wurde. Jeder, ob Militärangehöriger oder einfacher Bauer, der ihn aufgriff, sollte eine stattliche Belohnung erhalten.

Ulrich war vom feschen Gardeoffizier zum gejagten Lumpen geworden, was ihn allerdings nicht davon abhielt, unter jeden Weiberrock, dessen er habhaft werden konnte, zu gucken.

Dieser schändliche Lebenswandel drang – nicht zuletzt durch viele Gebete der beschämten Jungfern, Ehefrauen oder deren Familien – lautstark an die Ohren hoher Himmelsmächte.

In einem rasch einberufenen Rat kamen diese zu dem Entschluss, dass dem schändlichen Treiben ein Ende gesetzt werden musste. Nach einer langen Beratung entschloss sich der Rat, Ulrich eine Strafe aufzuerlegen, die für eventuelle Nachahmer auf ewig sichtbar sein sollte.

Mittlerweile war der ehemalige Leutnant Ulrich auf Erden gefangen genommen worden und stand nun vor Gericht. Doch uneinsichtig, wie er nun einmal war, konnte ihn niemand von seiner Schuld überzeugen.

Im gleichen Moment, als das Urteil gesprochen wurde, geschah es, dass ihn der Beschluss des himmlischen Rates traf. Ulrich erstarrte zunächst, dann schrumpfte er. Kleiner und kleiner wurde sein

Körper, bis er nur noch so groß wie ein Stiefelknecht[2] lang war. Seine Gesichtszüge zeigten Erstaunen und Schmerz, während sich sein ganzer Leib in eine Holzfigur verwandelte. Obgleich er vor Gericht seine Uniform nicht mehr getragen hatte, zierte diese nun den unbeweglichen Körper. Gleichzeitig sahen die erstaunten Zuschauer, wie dem hölzernen Gardisten der Unterkiefer herunterklappte.

„Von nun an sollst du deine große Klappe dazu benutzen, den Menschen dienstbar zu sein", erscholl eine gewaltige Stimme vom Himmel herab. „Du sollst die harten Schalen der Nüsse knacken – von der Hasel- bis zur Walnuss. Dein Beispiel sei allen Menschen eine Warnung, die es allzu bunt treiben."

Leider wird der Nussknacker nur noch in der Advents- und Weihnachtszeit hervorgeholt. Würde er das ganze Jahr über allen Menschen sichtbar vor Augen stehen, gäbe es viel weniger Leid auf Erden.

Andrea Rohn

---

[2] Stiefelknecht = mobile, hölzerne Vorrichtung zum leichteren Ausziehen der Stiefel

13. Dezember

Der Advent wird von Woche zu Woche heller.
Unsere Aktivitäten immer schneller.
Wir putzen und schmücken
Und basteln und backen.
Wir liefern uns ein Rennen mit der Zeit
und sind zum Schluss bereit!?

Ingrid Müller

14. Dezember

Der Engel mit dem Pferdeschlitten

Es war eine Woche vor dem Heiligen Abend, als ich aufbrach, um das Weihnachtsfest im Kreise meiner Familie zu feiern. Viele Seemeilen und noch einige Tagesreisen über Land trennten mich von ihr.

Ich war erst spät aufgebrochen, da meine Schiffspassage umgebucht werden musste. Der ursprünglich zur Überfahrt vorgesehene Segler war havariert und folglich nicht seetüchtig. Die Reparatur des Lecks würde mehrere Wochen in Anspruch nehmen. Einen Ersatz gab es nicht, so dass ich mich einen Tag gedulden musste, ehe das nächste Schiff ablegte.

Leider verpasste ich dadurch auch meinen Zug, der mich innerhalb von zwei Tagen bis in die Nähe meines Heimatortes gebracht hätte. Da diese Strecke nur einmal wöchentlich bedient wurde, musste ich umdisponieren. Am Fahrkartenschalter riet der freundliche Angestellte mir, einen Teil der Strecke mit der nächsten einfahrenden Eisenbahn zurückzulegen. Um an mein gewünschtes Ziel zu gelangen, würde ich allerdings mindestens drei, wenn nicht sogar vier Tage unterwegs sein. Ich müsste sehr oft umsteigen und hätte dazwischen meist mehrere Stunden Aufenthalt auf den Bahnhöfen.

Da sich mir aufgrund der verschneiten Wege keine bessere Alternative bot, willigte ich in den Plan des Bahnbeamten ein. Allerdings musste ich jedes Mal, wenn ich den einen Zug verließ, für die nächste Teilstrecke eine neue Fahrkarte lösen. Aber auch diese Unannehmlichkeit nahm ich gerne in Kauf, wenn ich nur am Heiligen Abend bei meiner Familie sein konnte.

Zunächst sah es so aus, als würde meine Hoffnung sich erfüllen, denn die Gleise waren schneefrei und die Dampflokomotiven brachten die Waggons pünktlich zu den Bahnhöfen. Leider war dies aber nur bei den ersten Teilstrecken der Fall. Sobald ich in den dritten Zug stieg, begann es zu schneien. Zunächst fielen nur einzelne Flocken, doch je länger die Fahrt dauerte, desto dichter wurde die weiße Pracht, welche Frau Holle vom Himmel herunter auf die Erde schüttelte.

Nur mit Mühe bewältigte die Lok das letzte Stück bis zu dem Bahnhof, an dem ich nochmals umzusteigen gedachte. Dort bekam ich die Auskunft, dass es einige Stunden dauern würde, bis die Gleise geräumt wären. Es könnte auch passieren, dass an diesem Tag kein Weiterkommen möglich war.

Wie erleichtert ich nach fast vier Stunden mein Abteil der Eisenbahn aufsuchte, welche mich zu meinem Ziel bringen würde, kann ich gar nicht beschreiben. Leider hatte ich mich zu früh gefreut.

Unterwegs mussten noch einige Schienenabschnitte von Hand mit der Schaufel von sämtlichem Zugpersonal geräumt werden. Daher fuhr der Zug bei Dunkelheit mit einer Verspätung von fast sechs Stunden in den Bahnhof ein.

Mir war sofort klar, dass ich keine Überlandkutsche mehr finden würde, die in Richtung meines Heimatdorfes fuhr. Den restlichen Weg durch den tiefen Schnee musste ich zu Fuß zurücklegen. Ich hoffte nur, dass die Straße geräumt war, denn mit meinem Koffer und dem Seesack käme ich nur mühsam vorwärts. Wie schlimm es allerdings wirklich werden würde, konnte ich zu diesem Zeitpunkt nicht ahnen.

Das erste Wegstück war noch notdürftig vom Schnee befreit worden, doch je weiter ich mich vom Bahnhof entfernte, desto höher bedeckte er die Straße. Außerdem bemühte sich Frau Holle, noch beachtliche Mengen der weißen Pracht hinzuzufügen. Sicherlich erwartete auch sie Besuch zu Weihnachten, dass sie dafür die Betten eines ganzen Hotels ausschütteln musste, sagte ich mir, um mich aufzuheitern.

Bei jedem Schritt versank ich tiefer in der weißen Masse. Der Seesack auf dem Rücken und der Koffer, den ich immer öfter von einer Hand in die andere wechseln musste, trugen nicht eben dazu bei, dass ich leichter vorwärts kam. Aber ich wollte keines der Gepäckstücke zurücklassen, denn in ihnen befanden sich – außer meiner Kleidung – die Weihnachtsgeschenke für meine Familie.

Irgendwann jedoch – es musste bereits auf Mitternacht zugehen – konnte ich nicht mehr. Meine Beine fühlten sich an wie erstarrt. Die Hose klebte, durchnässt bis zu den Oberschenkeln, an mir fest. Der Mantel hing mir, bis zur Taille durchweicht, wie ein nasser Sack am Leib. Die Finger in den klammen Handschuhen konnten sowohl den Koffer, als auch den Riemen des Seesackes nicht mehr halten. Beide Gepäckstücke fielen in den hohen Schnee und ich plumpste hinterher.

Nur eine gute Wegstunde von meinem Elternhaus entfernt, brachte ich die Kraft nicht mehr auf, auch nur noch einen Schritt zu gehen. Sollte ich, so dicht vor meinem Ziel, elendig erfrieren?

Da drang das rhythmische Geläut von kleinen Glöckchen an meine Ohren. Ich hielt es in meinem halb benebelten Zustand für eine Sinnestäuschung. Doch das Geläut kam schnell näher. Und schon bald hielt ein Pferdeschlitten neben mir.

Ein junger, kräftiger Mann sprang vom Kutschbock neben mir in den hohen Schnee. Er hob erst mich und dann mein Gepäck in den Schlitten. Anschließend deckte er mich mit einer warmen Wolldecke zu, setzte sich zurück auf seinen Sitz und nahm die Zügel seiner Schimmel wieder auf.

Scheinbar mühelos fegte der Schlitten schnell wie der Wind über die Schneedecke.

Langsam taute mein halb erfrorener Leib unter der warmen Wolldecke wieder auf. Gleichzeitig überkam mich mit der Wärme die Müdigkeit und ich schlief vor Erschöpfung ein.

Ich erwachte durch die ersten Sonnenstrahlen, welche mein Gesicht streichelten. Erstaunt stellte ich fest, dass ich mich nicht mehr im Schlitten, sondern in einem Bett befand. Langsam suchten meine Augen den Raum ab und erkannten ihn als mein ehemaliges Kinderzimmer im Hause meiner Eltern.

Als ich den Weihnachtsmorgen am Frühstückstisch mit ihnen verbrachte, fragte ich sie, wer denn der hilfsbereite, junge Mann gewesen wäre, der mich im Pferdeschlitten nach Hause gebracht hätte.

„Welcher junge Mann?", fragte meine Mutter erstaunt. „Als wir aus der Christmette zurück ins Haus kamen, lagst du bereits in deinem Bett und schliefst tief und fest."

Ich fragte nicht weiter und beließ es gegenüber meinen Eltern dabei, dass ich die Fahrt wohl geträumt haben musste. Ich selbst aber glaubte fest daran, dass mich ein Engel vor dem Erfrieren gerettet hatte.

Andrea Rohn

15. Dezember

Wer hat die Zimtsterne geklaut?

Es geschah in einem Jahr, in dem ich einen besonders großen und hübsch verzierten Adventskranz gebastelt hatte, einen Traum in Weiß. Als Verzierung auf den dunklen Tannenzweigen benutzte ich weiße Kerzen, helles Schleierkraut und eine große Menge selbst gebackener Zimtsterne.

Wenig begeistert waren jedoch meine beiden Kinder, mussten sie doch lange Zeit warten, bis sie die leckeren Plätzchen verspeisen durften; genau genommen bis zum Heiligen Abend. Bei Androhung strengster Strafen verbot ich ihnen, auch nur ein einziges Zimtsternchen zu stibitzen. Trotzdem geschah es, dass die Kranzgarnierung am nächsten Morgen zur Hälfte aufgefuttert war.

Mein Entsetzensschrei bewirkte, dass mein Ehemann, die Kinder und auch die Oma schnellstens herbeigerannt kamen. Alle beteuerten, dass sie die Zimtsterndiebe nicht gewesen seien. Aber irgendjemand hatte die hübsche Dekoration teilweise geklaut und verspeist.

Es entwickelte sich aber alles noch schlimmer. Tags darauf, frühmorgens, fehlten auch die restlich verbliebenen Zimtsterne. Dunkle Löcher und das arg zerrupfte Schleierkraut waren ein schrecklicher Anblick.

Frustgeladen machte ich mich ans Werk und backte erneut Zimtsterne, verteilte sie auf dem Adventskranz und hoffte, der Kranz bliebe dieses Mal unversehrt.

Nach einer unruhigen Nacht musste ich entsetzt feststellen, dass auch die zweite Garnierung fast vollständig verschwunden war; geklaut, aufgegessen, ohne auch nur einen Krümel zu hinterlassen. Es gab nur eine Möglichkeit, mir Klarheit zu verschaffen: Ich musste des Nachts die Zimtsterne bewachen, um festzustellen, wer der Dieb sei.

So legte ich mich zur Schlafenszeit auf die Lauer. Lange musste ich nicht warten, denn bald hörte ich tappende Schritte. Schon erschien eine helle Gestalt, die sich dem Wohnzimmertisch näherte und schmatzend zu futtern begann. Die Gestalt kannte ich sehr gut – es handelte sich um unsere Hündin *Dicke*, einen Collie-Schäferhund-Mischling, die sich heimlich bediente.

Es war unfassbar. Das Tier verabscheute Süßigkeiten; auch war sie so gut erzogen, dass sie noch niemals etwas vom Tisch gemopst hatte.

Einer friedlichen Adventszeit stand nun nichts mehr im Wege. Nachts wurde die Wohnzimmertüre verschlossen. Und deshalb blieben die nochmals gebackenen Zimtsterne bis Heiligabend unversehrt.

Erika Horn

16. Dezember

Es ist ein Ross entsprungen

Ich mag wohl fünf oder sechs Jahre alt gewesen sein, da hörte ich bewusst zu, als das Kirchenlied „Es ist ein Ros' entsprungen" gesungen wurde.

Anstatt andächtig dem Ablauf der Messe beizuwohnen, grübelte ich darüber nach, warum dieses Lied in der Kirche gesungen wurde.

Ein Ross war, wie ich von meinen Märchen-Schaltplatten wusste, ein edles Pferd. Und das Wort „entsprungen" bedeutete abgehauen oder weggelaufen. Also handelte das Lied von einem edlen Pferd – wahrscheinlich einem Vollblut-Araber – der abgehauen war.

Ich überlegte, in welcher Situation er wohl entwischt sein könnte. Vielleicht hatte der Stallbursche die Stalltür offengelassen oder das Gatter der Koppel nicht zugezogen. Andererseits könnte das edle Tier auch über den Zaun gesprungen sein. Gründe dafür gäbe es genug: Auf der Weide gab es kein Gras mehr; das Ross stand dort alleine und wollte zu seinen Artgenossen oder sein Reiter behandelte es schlecht. Verliebt könnte das Pferd sich auch haben oder es war seinem wahren Besitzer gestohlen worden und wollte nun zu diesem zurück. Es konnte auch sein, dass gleich mehrere Gründe auf seine Flucht zutrafen.

Kaum hatten sich diese Gedanken in meinem Kopf festgesetzt, spann ich bereits eine Geschichte.

Das edle Ross hieß *Goldmähne* und war das Lieblingspferd der Prinzessin Aprilja. (Die heißt so, weil mein Opa so gerne davon sprach und mir der Name so gut gefiel.) Eines Tages stahl ein Dieb das wunderschöne, weiße Ross mit der goldenen Mähne, um es zu verkaufen. Dass der Räuber ein Mann war und böse sein musste, kam mir ganz natürlich vor.

Dieser Kerl entführte *Goldmähne* in ein fernes Land, wo ihn und das Tier niemand kannte. Er wollte schließlich nicht als Pferdedieb gehenkt werden. – Ach nee, das kam nur im Western vor. – Was geschieht eigentlich im Märchen mit einem ertappten Pferdedieb? Das muss ich mal Oma fragen, denn die kennt sich mit Märchen aus!

Aber das ist im Moment auch egal, weil der Dieb nicht geschnappt wird. Er verkauft *Goldmähne* an den König eines fremden Landes. Jemand anderes kann sich so ein edles Pferd nicht leisten, das nur fürs Reiten, aber nicht für schwere Arbeit taugt.

Jedenfalls gibt der König dem Dieb viel Gold für das Ross und schenkt es seinem Sohn. – Seltsam, dass in Märchen so ein König gar nicht wissen will, woher ein einfacher Mann solch ein wertvolles Pferd hat!

Der Prinz freut sich über das weiße Ross mit der goldenen Mähne und reitet gerne auf ihm aus.

Das Pferd jedoch hat Heimweh und möchte zu seiner Prinzessin Aprilja zurück. Da ist doch klar, dass es die erste Gelegenheit ergreift, um auszubüchsen. Vielleicht behandelt der Stallknecht es auch noch schlecht und gibt ihm nur Disteln zu fressen.

Natürlich muss *Goldmähne* oder der Prinz, der ihm hinterher reitet, einige Abenteuer bestehen – vielleicht in Form von drei schweren Aufgaben. Danach erreichen beide das Königreich, in dem die Prinzessin Aprilja lebt.

Die Königstochter freut sich natürlich, dass *Goldmähne* wieder da ist und das Ross, dass es zurück bei seiner Freundin ist. Der Prinz und die Prinzessin verlieben sich ineinander, heiraten und werden glücklich.

Nun ja, die Geschichte muss ich noch etwas ausschmücken!

Leider ist die Messe zu Ende und ich muss meine Gedanken vorerst unterbrechen. Mama drängt mich aufzustehen und an ihrer Hand die Bank zu verlassen.

Während wir mit den anderen Kirchenbesuchern hinausgehen, kommt mir die Erkenntnis, dass ich nun wenigsten weiß, warum das Ross entsprungen ist. Doch das mit der „Wurzelzart", woraus es abgehauen sein soll, verstehe ich nicht. Ist das ein Ort in dem fernen Land? Heißt gar das fremde Königreich so?

Auf dem Heimweg beschließe ich, meine Oma danach zu fragen. Außerdem muss sie mir unbedingt auch noch Folgendes erklären:

Weshalb wird in einer Kirche und während der Messe ein Lied mit einer solchen Geschichte gesungen?

Andrea Rohn

17. Dezember

Ein Ghasel[3]:

Dem Liebsten was zu schenken;
es erfreut mich daran zu denken.
Gibt es im Leben Schöneres,
als eine Beziehung so zu lenken,
durch wunderbare Geschenke,
die Liebe ins Herz zu senken?

Rosi Weyand

---

[3] Arabische Gedichtsform

18. Dezember

Als das Kommunion-Kleid zurückkehrte

Alle Jahre wieder freut sich unsere Familie auf das Weihnachtsfest, weil sie am ersten Feiertag einen knusprig gebratenen, köstlich duftenden und einzigartig gut schmeckenden Gänsebraten aufgetischt bekommt. Ich koche gut und gerne, aber immer dann, wenn ich den Gänsebraten zubereite, schleicht sich in meine Gedanken ein lang zurückliegendes Weihnachtsfest, bei dem eine Weihnachtsgans eine denkwürdige Rolle spielte. Obwohl inzwischen Jahrzehnte vergangen sind, die Erinnerung an dieses besondere Weihnachtsfest wird wohl niemals verblassen.

Damals, Jahre nach Kriegsende, herrschten Hungerzeiten. Es war äußerst schwierig, Nahrung zu beschaffen. Ich lebte mit meiner Familie in München, das stark zerbombt worden war. Der Anblick der Ruinen war schrecklich, aber noch tausendmal schlimmer war das ständig vorherrschende Hungergefühl. Man konnte sich nie satt essen. Zwar gab es Lebensmittelmarken, aber in den Läden wurde nur wenig Essbares angeboten. Notgedrungen blühte der Schwarzhandel. Alles, was wertvoll war und entbehrt werden konnte, wurde gegen Nahrungsmittel eingetauscht. Unsere Wohnung wirkte damals so leer und dürftig, als hätten dort Einbrecher gehaust.

In dieser Zeit, wenige Tage vor dem Weihnachtsfest, ereignete sich etwas, das meine gebeutelte Kriegskind-Seele total aus dem Gleichgewicht brachte: Mutti erklärte in einem Ton, der keinen Widerspruch duldete: „Morgen werde ich dein Kommunion-Kleid gegen eine Weihnachtsgans eintauschen!" Sie wusste nur zu gut, wie sehr ich dieses Kleid liebte, deshalb fügte sie hinzu: „Wir müssen alle Opfer bringen!"

Panik, Entsetzen und unendliche Trauer lösten diese Worte in mir aus. Ich sollte mich von meinem kostbarsten Besitz trennen müssen? Unmöglich … Fast täglich konnte ich mich in diesem mit Spitzen besetzten, reinweißen Seidenkleidchen in eine Prinzessin verwandeln. So war es mir möglich in eine Traumwelt einzutauchen, die mich das wenig rosige Umfeld vergessen ließ und auch das Hungergefühl vertrieb. Alles war dann unwichtig geworden: die schmerzhaft erfrorenen Zehen und auch die Kopfläuse, die mich seit dem Spiel mit einem Flüchtlingskind arg plagten. Es zählte nur mein hübsches Spiegelbild. Das Rascheln der leuchtend weißen Seide entführte mich in eine andere, bessere Welt.

Muttis Ankündigung war wahr geworden. Als ich am Tag darauf aus der Schule kam, war mein kostbarster Besitz verschwunden, dafür hing in der Speisekammer eine fette, eklig aussehende Riesengans. Schlagartig war meine Weihnachtsstimmung verflogen. Die Tage schienen grau und öde. Bis in die nächtlichen Träume hinein verfolgte mich die nackte, gelblich-weiße Vogelleiche. Insgeheim beschloss ich, ich würde nicht das kleinste Stückchen von dem Braten essen. Ich war so traurig, dass mein meist guter Appetit verschwunden war. Die Kostproben der selbstgebackenen Weihnachtsplätzchen schmeckten fade und ich kaute lustlos darauf herum. Mutti und Vati, die genau wussten, welch ein Kummer mich plagte, betrachteten mich mit sorgenvollen Blicken.

Heiligabend half ich ohne rechte Freude beim Schmücken des Tannenbaums. Entgegen meiner sonstigen Aktivitäten überließ ich den Aufbau der Weihnachtskrippe komplett meiner Schwester. Es war mir völlig egal, ob der Weihnachtsengel in der richtigen Höhe hing oder ob das Bettchen des Jesuskindchens weich genug war. Die zu erwartenden Geschenke konnten mich auch nicht aufheitern. Der Verlust meines Kommunion-Kleidchens überschattete das sonst so fröhliche Fest.

Klingelingeling, das Glöckchen, das die Bescherung einläutete, und der Gesang der Weihnachtslieder klangen gerade so wie all die Jahre zuvor. Aber eines war anders, ganz anders. Ein ungewöhnlich großes, in buntes Papier eingewickeltes Paket war für mich bestimmt. Schon halb geöffnet, sah ich daraus etwas Wohlbekanntes, Weißes hervorblitzen. Mit vor Glück zitternden Fingern holte ich mein so schmerzlich vermisstes Kommunion-Kleid aus der Verpackung. Mein Freudenschrei war so laut, dass mir schien, der

Weihnachtsbaum würde erzittern und meine Freudentränen flossen reichlich.

Mittags am ersten Weihnachtsfeiertag. Auf dem Tisch dampften Kartoffelknödel, Blaukraut und „Bratwürstchen". Vater murmelte etwas missmutig, dass er den schmackhaften Gänsebraten und auch die leckere Sauce sehr vermissen würde.

Ich aber strahlte wie ein Honigkuchenpferd und war meinen Eltern unendlich dankbar, dass sie mir zuliebe auf den köstlichen Gänsebraten verzichtet und durch den Rücktausch meinen Seelenfrieden wieder hergestellt hatten.

Erika Horn

19. Dezember

Warten aufs Christkind
Wunschzettel schreiben
Warten aufs Christkind
Plätzchen vernaschen
Warten aufs Christkind
O wie lange nur?
Warten aufs Christkind
Adventskerzen brennen
Warten aufs Christkind
Bald ist es so weit
Warten aufs Christkind
Schöne Vorweihnachtszeit

Ingrid Müller

20. Dezember

Das Geschenk

Paulino kletterte angestrengt auf den Geröllhalden vor dem Eingang des „Cerro Rico" des „Reichen Bergers" in Potosi herum.

Er war todtraurig. Die Tränen kullerten ihm über das Gesicht. Mit den kleinen schmutzigen Fäusten wischte er sie weg. Er sah weder die anderen Kinder, noch die Frauen oder die streunenden Hunde, die, wie er an den Hängen des Berges herumkletterten und nach Gesteinsresten suchten.

Er hatte ein Problem, ein Riesenproblem. Seine Mutter hatte ihn angeschrien und ihm eine Kopfnuss verpasst. Sie war wütend gewesen, außer sich, als er ihr sagte, er wolle dem Jesuskind ein Geschenk bringen.

„Unerhört!", schrie sie. „Du hast keinen Verstand. Wie soll ich noch ein Geschenk besorgen, wo ich noch nicht weiß, wie ich euch morgen satt kriegen soll; dich und die zwei Kleinen hier. Nicht genug, dass ich auf deine Arbeit verzichten soll; jetzt soll ich auch noch Geschenke für Jesus besorgen! Der Pater hat gut reden, aber du solltest es besser wissen."

Er war geflohen vor ihrem Ärger, ihrer Bitterkeit.

Sie hatte ja Recht. Er hatte keine Schuhe und durch seinen viel zu kleinen Pullover blies der Wind erbarmungslos. Aber der Pater in der Klosterschule, in die er neuerdings ging, hatte ihnen von der Geburt des kleinen Gottes erzählt. Sogar die Magier kamen von weit her und brachten Geschenke. Auch die Hirten waren alle gekommen.

Alle Kinder sollten an Heiligabend dem Jesuskind auch ein kleines Geschenk bringen. So hatte er seine Mutter darum gebeten. Er wollte es ja auch; wollte es so gerne. Aber sie waren arm, so arm!

Paulino hatte nichts von dem Brei gegessen, den die Mutter zubereitet hatte. Ihm war so kalt, so entsetzlich kalt. Es fing auch noch leicht an zu regnen.

Er suchte sich eine kleine Mulde, in der er sich verkriechen konnte und kuschelte sich hinein; machte sich so klein wie möglich. Es dämmerte, aber heim, heim wollte er noch nicht.

Er raffte eine Handvoll kleiner Steine auf und fing an sie den Berg hinunter rollen zu lassen. Da! Ein Stein glänzte auf seinem Weg nach unten. Er war eckig, kullerte nicht wirklich.

Paulino sprang auf, dem Stein hinterher, hob ihn auf. Er war nicht größer als ein Kieselstein, aber es war Erz, vielleicht ein bisschen Silber. Paulino schlug das Herz bis zum Hals. Er hatte ein Geschenk, ein wertvolles Geschenk für Jesus.

Rosi Weyand

21. Dezember

An Weihnachten das Glöckchen klingt

In meiner Kinderzeit war es üblich, dass am späten Nachmittag des Heiligen Abends das Wohnzimmer abgeschlossen wurde. Eine von innen hinter die Scheibe der Tür gehängte Decke verhinderte, dass meine Geschwister und ich hineinspähen konnten. Zwar versuchten wir abwechselnd, durch das Schlüsselloch zu schauen, aber der darin steckende Schlüssel ließ dies nicht zu.

Wir Kinder wussten ganz genau, wer sich in dem Raum befand. Da war natürlich das Christkind damit beschäftigt, den Baum zu schmücken und die Geschenke aufzubauen. Aber es arbeitete nicht allein, denn dann würde es ja nicht fertig werden. An diesem Tag musste es ja zu jedem Kind auf der ganzen Welt, um sie mit den gewünschten Gaben zu erfreuen. Deshalb brauchte es tatkräftige Hilfe. Und diese bekam es in Gestalt unserer Eltern.

Manchmal, wenn Papa arbeiten musste – und das kam leider in meiner Kindheit oft vor – ging dem Christkind nur Mama zur Hand. Dann dauerte es natürlich viel länger, bis die beiden fertig waren und das Christkind sich auf den Weg zu weiteren Kindern machen konnte.

Voller Ungeduld lungerten wir auf dem Flur herum. Vielleicht konnten wir ja einen Blick auf das Christkind erhaschen, wenn es das Wohnzimmer verließ. Zu unserer größten Enttäuschung ist uns das kein einziges Mal gelungen.

Und auch an Mama oder Papa vorbei in den Raum zu lugen, wenn einer von beiden herauskam, um noch etwas zu holen, war uns nicht möglich. Daher mussten wir immer ausharren, bis wir hineingehen durften.

Die Erlösung brachte uns das Glöckchen. Wenn das kleine, unscheinbare Metallinstrument geschüttelt wurde und sein zarter Klang ertönte, löste sich endlich die Anspannung.

Die Wolldecke, welche die getönte Glasscheibe eben noch bedeckt hatte, war verschwunden. Dennoch hätten wir durch sie noch immer keinen klaren Blick in das Zimmer werfen können. Doch nun öffnete sich die Tür und wir Geschwister drängten hinein.

Obwohl der Deckenleuchter brannte, erstrahlte der mit bunten, metallisch glänzenden Glaskugeln geschmückte Tannenbaum hell. Das silberne Lametta verstärkte das Licht der elektrischen Kerzen noch. Dazu kam der Harzduft, welchen die Edeltanne verbreitete.

Doch weitaus wichtiger erschienen uns Kindern die in buntem Papier verpackten Geschenke. Jeder von uns wartete mit Spannung darauf, dass Mama eines in die Hand nahm und es demjenigen überreichte, für den das Christkind es hiergelassen hatte.

Zunächst waren wir so mit dem Auspacken beschäftigt, dass keiner von uns darauf achtete, was die anderen bekommen hatten. Erst, als alles ausgewickelt war, verglichen wir unsere Geschenke. Dabei kam selten Neid auf. Nur, wenn die jüngeren Brüder Spielzeug und wir beiden Schwestern lediglich Kleidung erhalten hatten, blickten wir enttäuscht drein. Dann trösteten wir uns vorerst damit, dass es weitere Bescherungen bei unseren jeweiligen Patinnen und der weiter entfernt wohnenden Oma geben würde. Dort, so hofften wir, könnte doch noch ein Spielzeug für uns vom Christkind abgegeben worden sein.

Andrea Rohn

22. Dezember

Oh Tannenbaum

Oh, Tannenbaum, oh Tannenbaum
ich habe dich selbst umgehaun.
Dabei fielst du mir auf den Fuß
mit einem krachend Abschiedsgruß.

Oh, Tannenbaum, oh Tannenbaum
für mich wurdest du zum Albtraum.
Als ich dich schnell vom Schnee befreit,
da stachst du mich die ganze Zeit.

Oh, Tannenbaum, oh Tannenbaum
du gingst nicht in den Kofferraum.
Kaum hatte ich dich festgeschnallt,
folgte mir die Polizei recht bald.

Oh, Tannenbaum, oh Tannenbaum
du duldetest keinen Gurt-Zaum.
Vom Autodach bist du gestürzt.
Die Strafe war derart gewürzt.

Oh, Tannenbaum, oh Tannenbaum
endlich standest du im Wohnraum.
Zu meiner Schand' muss ich gestehn:
Erst jetzt hab' ich ihn angesehn.

Oh, Tannenbaum, oh Tannenbaum
deshalb standest du am Waldsaum.
Dein Stamm war so dermaßen schief,
dass ich fast aus dem Zimmer lief.

Oh, Tannenbaum, oh Tannenbaum
ich schmückte dich mit Engelsflaum.
So verbarg ich deine Tücken:
das Krumme und die Astlücken.

Oh, Tannenbaum, oh Tannenbaum
hätt' ich dich nur nie abgehaun!
Du ständest immer noch im Wald
und würdest hundert Jahre alt.

                    Andrea Rohn

23. Dezember

Ein Wollschal und zwei Weißwürstl

Lang, lang ist's her. Man schrieb das Jahr 1947. Es herrschte bitterarme Not in den Jahren nach Kriegsende. Kaum das Notwendigste zum Leben war zu bekommen. An allem herrschte Mangel. Nahrungsmittel, Kleidung, ein Dach über dem Kopf waren ganz und gar nicht selbstverständlich.

Wir Großstadtkinder in München waren besonders schlimm dran. Weit und breit keine Gärten und Felder, die die Not etwas lindern hätten können. Ringsumher zerbombte Häuser, nicht genug trockenes Brot um satt zu werden und das Schlimmste: meist zu kleine Schuhe.

Eines jedoch ließen wir Kinder uns trotz der knurrenden Mägen und arg geschundenen Füße nicht nehmen, dies waren besinnliche Adventstage und ein liebevoll gestaltetes Weihnachtsfest. Trotz oder gerade wegen fehlender Barmittel und nicht vorhandener Gebrauchsgüter lagen an Heiligabend liebevoll erdachte, selbst gefertigte Geschenke unter dem Tannenbaum.

Wir Kinder waren in der Adventszeit eifrig am Werkeln. Besonders die von Sorgen geplagte Mutter sollte zu Weihnachten – um ihr eine Freude zu bereiten – beschenkt werden. So bastelten, malten, strickten und nähten wir eifrig. Viel Mühe musste aufgewandt werden, denn erst dann war das Geschenk wertvoll.

Deshalb entschloss ich mich, es mit Stricken zu versuchen, denn das war damals für mich eine recht mühevolle Beschäftigung. Mutti sollte einen selbst gestrickten Wollschal bekommen, der so lang sein sollte, dass sie ihn dreimal um den Hals schlingen konnte. Dies war ein schwieriges Vorhaben, denn ich besuchte die Schule erst seit wenigen Monaten und meine kürzlich im Handarbeitsunterricht erworbenen Fähigkeiten waren noch recht dürftig, genauer gesagt miserabel. Meine kleinen, ungeschickten Finger wollten nicht wie sie sollten, es war irgendwie ein Kampfgeschehen zwischen Nadeln und

Maschen. Zudem war es sehr schwierig, die große Menge benötigter Wolle zu beschaffen. Da der Inhalt des Sparschweins nicht ausreichte, um teure Wolle zu kaufen, beschloss ich bei Bekannten und Verwandten Wolle zu erbetteln. Verständnisvoll, aber auch, um mich Nervensäge bald wieder los zu werden, bekam ich gelegentlich den letzten Vorrat. Bald war ein größerer Karton mit Wollresten gefüllt und ich begann mit Feuereifer zu stricken.

Langsam, viel zu langsam, kam ich voran. Die Maschen waren heimtückische Biester, die sich überall tummelten, nur nicht auf den Nadeln. Die ersten Zentimeter meiner Strickversuche waren wegen der herabgefallenen Maschen mit hässlichen Löchern verunstaltet, sahen aus wie ein Schweizer Käse und nicht wie der Anfang eines Wollschals. Verzweifelt beichtete ich meiner Handarbeitslehrerin meinen Kummer. Verständnisvoll und mit viel Zeitaufwand half mir die gute Seele nach besten Kräften. Der intensive Nachhilfeunterricht vollbrachte schließlich ein Wunder: Die vermaledeiten Maschen blieben meist da wo sei sein sollten, auf den Nadeln. Langsam, aber sicher reihten sich bunte Streifen aneinander, der Schal wuchs täglich ein Stückchen. Mutti sollte zu Weihnachten mit dem Geschenk überrascht werden und deshalb musste ich heimlich stricken, dies war gar nicht einfach. Oft klapperten die Nadeln in der Schulpause, bei Freundinnen oder auf dem stillen Örtchen, manches Mal strickte ich sogar nachts, wenn Mutti schon schlief. Trotzdem hatte meine ältere Schwester Bedenken, ob die Handarbeit bis Weihnachten fertig werden würde. Sie wickelten in die Wollknäuel Karamellbonbons. Zu gut wusste sie, dass ich eine Naschkatze war.

Die ungewohnte Strickerei forderte ihren Tribut, Finger, Kopf und Rücken schmerzten grauenvoll, aber eine Pause einlegen war unmöglich. Heiligabend rückte unaufhörlich, viel zu schnell, näher.

Noch am Vormittag des 24. Dezembers strickte ich die letzten Streifen, dann wurde der Wollschal gemessen, er war genau 143 Zentimeter lang geworden. Mein unermüdlicher Fleiß, die Karamell-Bonbons und die Aktivitäten der hilfreichen Handarbeitslehrerin hatten das unmöglich Scheinende wahr werden lassen. Stolz und glücklich betrachtete ich mein Werk. Leider musste ich feststellen, dass die so mühevoll angefertigte Handarbeit ungleichmäßig und etwas schmuddelig wirkte. Da verschieden starkes Material, wie Strumpf-, Angora- und Schafwolle, sowie dünnes Seidengarn im Wechsel verarbeitet worden war, wirkte der beidseitige Rand stark wellenförmig. Noch störender erschienen mir die leicht ergrauten weißen und hellen Streifen – mein Fingerschweiß hatte Spuren hinterlassen. Betrübt befürchtete ich, dass mein Geschenk der Mutti eventuell nicht gefallen könnte. Vorsichtshalber besorgte ich noch ein zweites Weihnachtsgeschenk. Ich plünderte meine Spardose. Der magere Inhalt reichte gerade aus, um beim Metzger zwei Weißwürstel zu kaufen. Wie ich wusste waren diese Würstel Muttis absolute Lieblingsspeise.

Heiligabend – meine Schwester und ich waren festlich angezogen und sorgfältig frisiert, dies war damals so der Brauch. Endlich läutete hell das Weihnachtsglöckchen und wir stürmten in die Küche. Der Weihnachtsbaum war wunderschön anzusehen, glänzte prachtvoll und das aufgebügelte Lametta, die bunten Kugeln und goldenen Walnüsse strahlten mit den Kerzen um die Wette.

Pflichtprogramm vor der Bescherung war „Weihnachtslieder singen". Während wir ungeduldig auf die Geschenkpäckchen schielten, wurde unser Gesang schnell und immer schneller und so mach eine Strophe wurde in der Eile „vergessen".

Schließlich war es so weit, allgemeines Päckchenöffnen. Ich war überglücklich über die von mir sehnlichst gewünschten Lederhalbschuhe. Sie waren zwar zwei Nummern zu groß, aber endlich hatten meine bedauernswerten Zehen Platz und ich konnte ab sofort schmerzfrei gehen. Jetzt wurde es spannend, Mutti war im Begriff, das Päckchen mit dem Wollschal zu öffnen. Sie zog das unförmige Gebilde heraus – und man höre und staune – sie schien total begeistert zu sein. Vermutlich lag es am schummerigen Kerzenlicht, dass die vorhandenen Schwachstellen nicht bemerkt wurden.

Freudestrahlend gab mir Mutti einen dicken Kuss und behauptete, noch niemals solch ein hübsches, brauchbares Geschenk erhalten zu haben. Mutti wickelte den Schal dreimal um den Hals und trug ihn den ganzen Abend lang, obwohl es in der Küche heute, zur Feier des Tages, gemütlich warm war. Das sonst so sorgenvoll wirkende Gesicht Muttis war total verändert. Sie lachte, scherzte und ihre Augen strahlten genau so hell wie die brennenden Bienenwachskerzen. Wenn mein Geschenk zu dieser Verwandlung beigetragen haben sollte, so hatte sich die Mühe mehr als gelohnt.

Die Wirkung meines kleinen Fresspäckchens stimmte mich jedoch ein wenig nachdenklich. Sichtlich betroffen betrachtete Mutti die Würstchen. Zu meiner Verwunderung füllten sich ihre zuvor so fröhlich blickenden Augen mit Tränen. Damals vermutete ich, dies seinen Freudentränen, heute weiß ich jedoch, dass sie teils aus Rührung weinte, teils die arme Zeit betrauerte.

Erika Horn

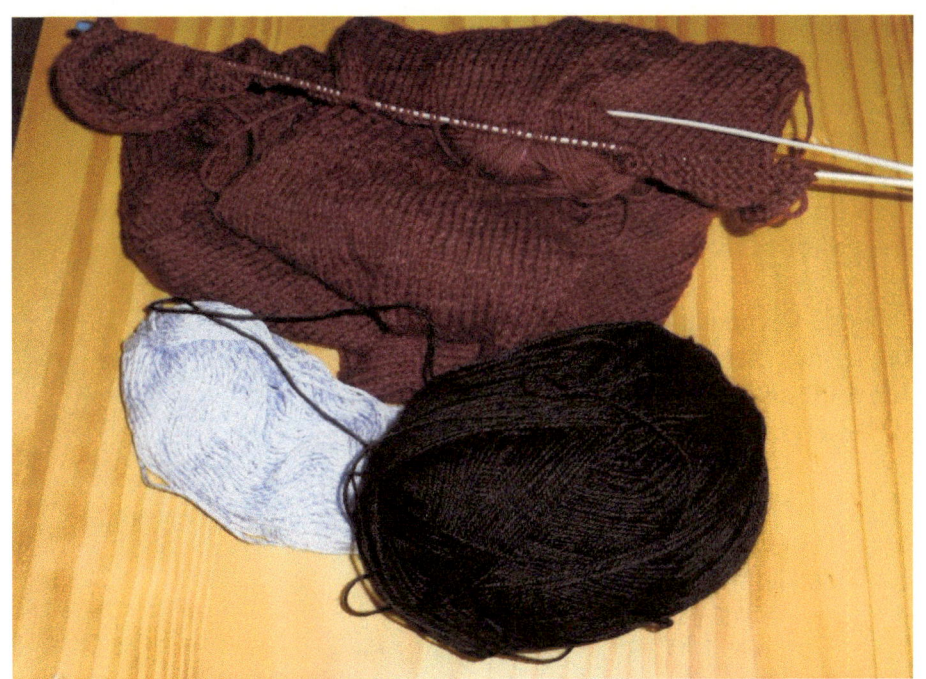

24. Dezember

Alle Jahre wieder

Alle Jahre wieder
fängt das Chaos an.
Falsch gesung'ne Lieder
hört man dann und wann.

Viel zuviel Geschenke
werden dann gekauft.
Wenn ich daran denke,
mir's die Haare rauft.

Keiner braucht die Sachen,
die man sich dann schenkt.
Ich find's fast zum Lachen,
was sich mancher denkt.

Aufgetischt wird alles,
was die Küch' gibt her.
Und im Fall des Falles
liegt's im Magen schwer.

Überall Verpackung,
die keiner mehr braucht.
Ich leid' an Verschlackung,
die mich mächtig schlaucht.

Alle Jahre wieder
bleibt das Chaos mir.
Ich lieg' dann darnieder
nach dem Feste hier.

Andrea Rohn

Dank

Es hat mich sehr gefreut, dass meine Idee bei allen Mitgliedern des Frauenschreibkreises Anklang gefunden hat. Vielen Dank, dass ihr so fleißig getextet und mir eure Beiträge für diesen einmaligen Adventskalender zur Verfügung gestellt habt. Für zwei von euch war es leider nicht möglich in der Kürze der Zeit und neben euren Tätigkeiten meinem Wunsch nachzukommen. Ich hoffe, dass wir das Projekt im nächsten Jahr auch mit eurer Beteiligung fortsetzen können. Daher gilt mein Dank zunächst Rosi, Erika und Ingrid, die mit gleich mehreren Texten die diesjährige Ausgabe möglich gemacht haben.

Für das Arrangieren von Motiven und das Festhalten auf Fotos am Tag nach meinem Anruf bei dir, liebe Michaela, gilt dir meine besondere Anerkennung.

Ursula, dein Lektorat hat meine Texte aufgewertet. Deine „Adleraugen" erspähten den Fehlerteufel nicht nur, sondern trieben ihn in die Hölle zurück.

Yvonne, du hast mir nicht nur deine Zeit zur Verfügung gestellt, sondern auch deine Erfahrung beim Einstellen dieses Gemeinschaftswerkes bei BoD eingebracht. Danke auch dir.

Andrea Rohn

Über die Autorinnen

Erika Horn wurde mitten im Zweiten Weltkrieg in München geboren. Sie schreibt gerne Tiergeschichten und lässt ihre Kindheit in ihren Erzählungen neu aufleben.

Ingrid Müller, 61 Jahre, schreibt gerne, zum Beispiel Tagebuch. Sie liebt Schreibspiele und probiert sich gerne aus.

Andrea Rohn lebt in einem kleinen Ort im Westerwald. Seit ihrer Kindheit schreibt sie Fantasy-Geschichten und Lyrik. Ihre Sensibilität half ihr bereits früh, sich in fremden Welten heimisch zu fühlen. Speziell die Lyrik wurde für sie zu einem Ventil der Verarbeitung ihrer, mit den Jahren fortschreitenden, seltenen Erkrankung.

Rosi Weyand, geboren in La Paz, Bolivien, Südamerika, lebt schon lange mit ihrer Familie in Montabaur. Sie schreibt gerne Geschichten und kleine Anekdoten aus ihrer alten Heimat.

Vorschau

Im Jahr 2023 ist die Erstellung eines weiteren Adventskalenders mit neuen Geschichten und Gedichten von allen Frauen unseres Schreibkreises geplant.